AF227215

PONT MAIN

L'ACTE DE FOI

La vraie cause du mal dont souffre la société est dans l'éducation, et la chose peut être prouvée (je l'ai prouvée) ; mais, pour arriver plus tôt au point capital de la question, supposons qu'il en soit ainsi ; supposons qu'en négligeant d'élever l'enfant pour la position seule qu'il doit occuper plus tard, on lance des générations entières dans une fausse voie, croyez-vous qu'il soit humainement possible d'apporter remède à un mal qui s'est implanté depuis des siècles et sans qu'on sache trop comment la chose a pu se faire ? Pour moi, je ne le crois pas.

Le bien, dans cet ordre d'idées, ne peut évidemment se faire que par le clergé : c'est le seul corps organisé qui, dans sa conduite, se laisse, en général, guider par le vrai, et qui soit susceptible, à un moment donné, d'imprimer à l'humanité tout entière un mouvement d'ensemble. Mais qui pourra forcer le clergé d'obéir à un mot d'ordre dans une question où les avis peuvent être partagés ? Personne, si ce n'est Dieu.

Il faut une réforme, mais qui fera cette réforme? Ce n'est pas une chose facile. Car enfin, pour exécuter un pareil travail, pour mettre tout le monde d'accord, il faut poser des principes, composer des ouvrages ; il faut posséder les détails et connaître l'ensemble ; il faut avoir l'expérience des hommes et de la vie et surtout être exempt d'idées préconçues.

Supposons que, pour résoudre cette question, on mette ensemble un certain nombre de professeurs, de ces hommes qui ont toujours vécu tranquillement assis entre leurs élèves et leurs livres, en admettant qu'ils puissent s'entendre, chose qui me paraît douteuse, croyez-vous qu'une réforme ainsi faite répondrait à tous les besoins d'un peuple? Et d'ailleurs quel moyen auraient-ils de la faire accepter?

Déjà, il y a quelques années, la question a été soulevée en France et au Canada : on a discuté pour ou contre les auteurs païens. Qu'en est-il résulté? qu'on n'a pas pu s'entendre et c'était facile à prévoir.

Non! non! la réforme ne se fera point ainsi; et l'histoire de l'humanité est là pour dire que jamais le progrès, sous toutes ses formes, n'est dû à un groupe d'hommes : il vient toujours de quelques individus isolés qui travaillent à l'écart et avec mission. Quand le moment, pour eux, est venu de paraître, la Providence les conduit où ils doivent être et leur montre ce qu'ils ont à faire.

Diminuer les charges des parents ; simplifier le travail des enfants ; rendre l'éducation pratique ; éviter l'encombrement de certaines positions ; multiplier, en les facilitant, les vocations qui exigent de l'homme un entier dévouement ; établir une école-modèle qui puisse servir de type pour la réforme générale; organiser une œuvre qui aura pour but d'élever les enfants pour rien : voilà ce qu'il faut faire, et j'ai montré que Dieu avait tout préparé pour que la chose eût lieu.

En somme, toute la question est là : Dieu veut-il ou ne veut-il pas qu'il y ait une réforme dans l'enseignement ? Ai-je ou n'ai-je pas mission de faire cette réforme ? Si je puis établir par des miracles qu'il en est ainsi, vous êtes tenus de m'obéir sur ce point-là. Vous m'objecterez peut-être que je ne suis point un saint : je le sais mieux que vous, mais je vous répondrai à cela que Louis XIV ne l'était pas non plus et on voit cependant, par la révélation de la bienheureuse Marguerite-Marie, qu'il avait à remplir une mission de premier ordre. La volonté de Dieu est immuable et la mission d'un homme ne change pas parce qu'il la méconnaît. Et d'ailleurs quelle part de responsabilité revient-il à chacun de nous dans la grande bataille de la vie ? c'est assez difficile à dire, et, dans le cas présent, on doit admettre que quatre cents messes ont pu rétablir l'équilibre.

LES VOIES DE DIEU.

Quant aux miracles considérés en eux-mêmes, je vous dirai qu'ils sont de deux sortes : il y a des miracles comme ceux qui sont arrivés à Lourdes quand Bernadette parlait à la Vierge sans que personne l'entendît chose qui, paraît-il, l'étonnait fort; il y en a d'autres qui sont, pour ainsi dire, des miracles matériels visibles à l'œil nu et destinés, en certains cas, à prouver les premiers.

La grandeur d'un miracle ne dépend pas du nombre des spectateurs qui le voient ni même de ceux qui peuvent le constater. Car alors il faudrait dire que les visions de Jeanne d'Arc et celles de la bienheureuse Marguerite-Marie n'étaient pas des miracles de premier ordre. Et, en effet, les preuves extérieures qu'elles en ont données, étaient si peu visibles que l'on a brûlé la Pucelle d'Orléans et que Louis XIV a dédaigné la révélation qui lui a été faite par l'amante du Sacré-Cœur.

Aujourd'hui on admet généralement la mission de Jeanne d'Arc ; mais qu'on se reporte à l'époque où elle a vécu ; que l'on dégage l'action directe qu'une héroïne de 19 ans devait nécessairement exercer à la tête d'une armée, et l'enthousiasme qu'elle devait exciter parmi les soldats, pour s'en tenir à ses inspirations, quel moyen avait-on de les contrôler en dehors de la preuve positive qu'elle en donna à Charles VII ? Rien.

J'ai lu et relu, à plusieurs reprises, la vie de Jeanne d'Arc et celle de la bienheureuse Marguerite-Marie ; j'ai étudié avec soin quelle peut être pour un philosophe la valeur des signes extérieurs qu'elles ont donnés l'une et l'autre de leurs révélations ; et je dis que les preuves que j'apporte sont plus claires et plus visibles.

Souvenez-vous donc que Dieu vous a dit ceci : *vos voies ne sont pas mes voies et vos conseils ne sont pas mes conseils.* C'est à vous d'obéir à Dieu et non à Dieu de vous obéir.

M. Allard, Doyen du Chapitre.

C'est un mauvais système, pour faire triompher la vérité, de s'adresser à tout le monde ; et l'expérience du passé m'a fait comprendre que ce n'est point ainsi qu'il faut procéder. Quand, en effet, la vérité, de sa nature, est compromettante et qu'il y a danger à la reconnaître, chacun se dérobe et tâche prudemment de se mettre à l'écart. A Nantes, c'est votre principe : vous vous dérobez. Que demain Mgr Lecoq cède à l'évidence ; après-demain je n'aurai pas un contradicteur.

J'aurais désiré cependant que quelqu'un se présentât pour discuter la question ; mais comme tout le monde se tient sur la réserve et qu'on a mauvaise grâce, après cela, à parler contre la vérité quand je ne suis pas là pour la défendre, j'ai fait les premiers pas vers ceux qui ne voulaient pas venir à moi, et, sachant que M. Allard, doyen du Chapître, ne paraissait pas convaincu et le disait trop, je lui ai écrit directement pour lui faire une proposition qui, ce me semble, n'avait pour lui rien de blessant. Mettez, lui ai-je dit, mettez à ma disposition la salle capitulaire, et, devant ces Messieurs, je vous forcerai, malgré vous, à reconnaître les miracles. Est-il possible, je vous le demande, d'agir plus franchement ?

M. Allard, ainsi mis en demeure, a compris qu'il s'était trop avancé et qu'il valait mieux reculer et il a reculé : il m'a fait répondre que le jugement de cette affaire ne le regardait pas et qu'il fallait pour cela m'adresser à Mgr Lecoq. C'est là une réponse qui paraîtra raisonnable à bien du monde et que cependant je ne puis accepter, parce que Mgr Lecoq pourrait m'en dire autant et m'envoyer à Rome où je sais que je me heurterais à des difficultés insurmontables. Ignorez-vous qu'à Rome les prêtres eux-mêmes ont peine à se faire entendre ?

Il est évident que si le Pape pouvait savoir et croire que j'ai véritablement un ordre à lui transmettre de la part de Dieu, et que de cet ordre dépend le salut de la société, il me recevrait à bras ouverts et je n'aurais besoin comme introducteur auprès de lui ni de M. Allard, ni même de Mgr Lecoq ; mais le Pape est un souverain qu'on n'aborde pas comme on veut, et ceux qui avaient d'abord mission de recevoir la grâce, ne l'ayant pas reçue, leur incrédulité est devenue le véritable obstacle au triomphe de la vérité : voilà pourquoi il faut que cette vérité soit examinée et reconnue ailleurs qu'à Rome pour avoir quelque chance d'être, un jour, sérieusement examinée et reconnue à Rome ; et la chose ne peut se faire qu'ici où je suis connu de vous et où je vous connais tous.

Adressez-vous à Mgr Lecoq, dit M. Allard. C'est bien mon intention ; mais comme Mgr Lecoq est l'homme de la Providence et qu'il a été envoyé à Nantes par un dessein particulier de Dieu ; qu'il y aurait danger, si je m'adressais immédiatement à lui, qu'il se laissât tromper par les apparences, et qu'il prît en face de la vérité une position dont il ne pût pas revenir, je préfère pour l'instant qu'il assiste à la discussion en spectateur désintéressé.

Quant à vous autres, Messieurs, ce n'est pas vous humilier, je suppose, que de vous faire connaître la volonté de Dieu ; que de vous demander, en son nom, de vous mettre à la tête d'une réforme sociale, de rendre à la France et au monde un inappréciable service qui fera bénir votre nom en tous lieux. Loin d'affaiblir votre autorité et de diminuer votre action, l'acte de foi que Dieu vous impose, est pour vous une question de vie ou de mort : vous ne pouvez triompher de vos ennemis qu'à cette condition. Veuillez donc ne pas me regarder comme un étranger, et tâchez, s'il est possible, de considérer la mort de Son Excellence Monseigneur Conroy pour ce qu'elle est en effet : un signe miraculeux que Dieu vous donne pour que l'incrédulité des autres ne vous influence pas.

Seul, je ne puis rien ; avec vous, je pourrais tout ; mais, par contre, sans moi, sachez-le bien, sans moi vous ne pouvez rien : car je suis pour vous la force de Dieu. Ne me dédaignez pas trop.

M. Beuchet et M. Sotin.

L'argument que je donne comme preuve de ma mission, est d'une force écrasante, et personne de ceux que je connais intimement parmi les prêtres, et avec qui j'ai pu librement m'expliquer, n'ose dire catégoriquement qu'il n'y a pas miracle ; mais, comme ils ont peur de se mettre sur les bras une méchante affaire et qu'ils ne comprennent pas au juste quelle est leur responsabilité, ils font tous avec leur conscience un de ces compromis que Dieu n'accepte pas et que je n'accepte pas non plus parce que, dans l'intimité, j'ai réduit au silence tous les contradicteurs.

Le premier des prêtres que j'ai vus, celui sur lequel je comptais le plus pour me venir en aide et qui sera puni pour ne pas l'avoir fait, est M. Sotin, curé de Vertou. M. Sotin était déjà au courant des choses, puisque du Canada je lui avais envoyé, à plusieurs reprises, des documents nombreux : il avait eu le temps, lui, de calculer sa réponse. C'est un homme habile qui a immédiatement compris qu'il ne fallait pas trop s'avancer et qu'il pourrait se compromettre à soutenir contre sept évêques un laïc qui, humainement parlant, n'est rien. *C'est étrange, a-t-il dit, mais cela ne suffit pas.* Or c'est là précisément qu'est la question. Vous prétendez, vous, que la preuve que j'apporte ne suffit pas et moi je dis qu'elle est plus que suffisante ; dès lors, le doute étant admis, il y a lieu de discuter la chose. Puisque vous-même, M. Sotin, en réponse à une de mes lettres, m'écriviez naguère que vous ne compreniez pas qu'on refusât de m'entendre : *qu'on ne pouvait juger sans connaître, et connaître sans avoir examiné, étudié...* (ce sont vos propres paroles) d'où vient, dites-le moi, que vous refusiez la discussion que je demande? Vous prenez, en face de la vérité, une position fausse que vous ne pourrez pas soutenir : l'exemple de ce qui est arrivé au Canada, devrait pourtant vous éclairer.

Mais laissons là M. Sotin et passons au Père Beuchet. M. Beuchet, ancien professeur à l'Externat, est un homme très-intelligent, et personne n'en doute, mais, par exemple, il est loin d'être crédule pour tout ce qui est miracle ; j'oserais même dire qu'il ne l'est pas assez. Eh bien! M. Beuchet lui-même, après avoir entendu de ma bouche l'exposé des faits, M. Beu-

chet m'a dit ceci, et j'en lève la main devant Dieu : *Vous pouviez croire au miracle, mais vous n'auriez pas dû en parler.* Et pourquoi donc, M. Beuchet ?
— Depuis, j'ai revu M. Beuchet qui s'est ravisé. Oh ! ce n'est plus le même homme : il a complétement oublié ses premières paroles. Comment, dit-il, on sera donc obligé de croire en vous et de vous obéir ? Certainement, M. Beuchet, et pourquoi pas ? Je suis bien obligé, moi, pour me sauver, de croire en vous et aux incroyables prérogatives dont vous jouissez comme prêtre. Après tout, vous n'êtes qu'un homme *comme moi*, et je suis, *comme vous*, racheté du sang de Jésus-Christ. La mission d'un homme ne dépendant pas de ses vertus puisqu'elle est fixée d'avance, je ne trouve pas plus extraordinaire, si la chose est, de dire de moi ce que j'en dis, que de vous entendre dire, à vous, que chaque jour, vous avez le pouvoir, d'un mot, d'opérer le plus étonnant de tous les prodiges. On n'en voit rien à l'extérieur, et, vous-même, vous n'en avez pas conscience.

Vous oubliez trop, Messieurs, que pour implanter dans le monde ces vérités qui l'ont transformé, il a fallu le sang de milliers et de milliers de martyrs, et que le prestige qui vous entoure, sinon partout, du moins dans les pays catholiques, vous le devez à d'autres qu'à vous. Vous récoltez sans peine ce que les apôtres et les saints ont péniblement semé dans les larmes et les souffrances : votre influence vient d'eux, de ces hommes qui ont volontairement consenti à être bafoués et tués pour la vérité. Car enfin, si les Nantais n'avaient jamais entendu parler de la messe et de la confession, et qu'un prêtre, avec le pouvoir qu'il a, arrivât soudainement à Nantes, le courage de votre opinion. Vos paroles sont les paroles d'un honnête homme qui voit la vérité et qui la reconnaît : elles vous seront payées cher, mais il faut les maintenir.

Maintenant réunissons en faisceau les diverses appréciations. M. Constant dit : *c'est fort ;* M. Sotin : *c'est étrange ;* un Autre : *c'est extraordinaire, il se peut qu'il y ait miracle ;* M. Beuchet *vous pouviez croire au miracle, mais vous n'auriez pas dû en parler ;* M. Boutin : *il est impossible de nier que cette mort n'ait étonnamment les apparences d'un miracle.*

Et vous hésitez à reconnaître la vérité ! Mais pour que vous parliez ainsi, vous prêtres, les choses étant ce qu'elles sont, il faut que la vérité saute aux yeux, qu'elle soit absolument certaine. Prenez garde ! Car Dieu suit de toute sa puissance celui qui combat avec mission pour la vérité, et si vous persistez dans votre incrédulité, j'ose dire que vous allez être terriblement punis. Au reste, je crois que Dieu a déjà commencé à frapper : la mort de M. Jahan, à Saint-Stanislas, me paraît singulière.

LES SECRETS DE LA SALETTE.

Il y a partout aujourd'hui dans l'Eglise opprimée comme une attente inquiète de quelque chose d'extraordinaire. On sent instinctivement que l'ennemi gagne du terrain et qu'il faut, de toute nécessité, que Dieu intervienne pour remettre lui-même chaque chose en sa place ; et partout on désire, on espère que des événements inattendus et providentiels vont se produire ;

mais, au lieu de comprendre que les faits matériels sont subordonnés au travail caché qui s'opère dans les esprits et que le triomphe extérieur doit suivre et non précéder le triomphe dans l'ordre des idées, la plupart des chrétiens, comme autrefois les Juifs au temps du Christ, prétendraient volontiers dicter à Dieu la conduite qu'il doit tenir : ils voudraient l'obliger à épouser toutes leurs petites querelles. Ce n'est pas ainsi que les choses peuvent et doivent se passer. Dieu, en effet, Messieurs, connaît mieux que vous ce qu'il y a à faire, et la seule chose raisonnable, c'est de lui laisser le champ libre en faisant l'acte de foi qu'il vous demande. Le reste viendra tout seul ensuite.

Sans doute, et je le vois clairement, des événements extraordinaires se préparent qui changeront la face du monde. Dieu va lui-même, et d'une manière péremptoire, prouver à tous qu'il existe et qu'il est le maître ; mais, s'il se décide à intervenir, ce ne peut être, vous le comprenez, pour maintenir les choses en l'état où elles sont ; pour que la société reprenne de nouveau, à la suite des protestants et des jansénistes, cette voie fatale où ils l'ont entraînée ; pour que vous-mêmes, trompés par eux, vous adoptiez comme base de votre éducation, les programmes des libres-penseurs et des athées. C'est pourquoi, avant d'agir, il m'envoie vers vous, moi, la victime de votre éducation, pour vous ordonner, en son nom, qu'elle soit modifiée. Votre intérêt bien entendu l'exige.

Et c'est parce que le triomphe ne commence pour l'humanité que le jour où Dieu se montre et prend lui-même sa cause en main ; c'est pour cela que les Enfants de la Salette ont pu très-justement annoncer que le vais plus loin, et je dis qu'un homme, quel qu'il soit, qui n'est pas un malhonnête homme ou un imbécile, les admettra après un examen sérieux ; mais il en est une, entre les trois, qui, par elle-même, et dégagée des circonstances qui l'entourent, offre, s'il est possible, une certitude plus incontestable : c'est celle de Pontmain. J'ai lu avec attention l'enquête minutieuse qui en a été faite par l'autorité diocésaine, et je ne crois pas qu'un philosophe puisse jamais asseoir son jugement sur des preuves plus fortes et plus inattaquables. L'apparition de la Vierge à Pontmain défie la critique la plus malveillante.

Eh bien ! il y a dans cette apparition une circonstance miraculeuse qui, jusqu'ici, n'a pas encore reçu d'explication : c'est le fait de cette étoile qui s'élance des pieds de la Vierge, allume quatre flambeaux et reste ensuite immobile au-dessus de sa tête. Dans le langage allégorique, l'étoile, comme au reste on peut le voir par le songe de Joseph, et d'ailleurs c'est une chose admise par tous les commentateurs, l'étoile désigne l'homme et plus particulièrement l'homme éclairé de Dieu. Par conséquent, cette étoile qui allume des flambeaux, désigne un homme, un homme qui doit venir, avec une mission providentielle, proclamer la vérité et confondre l'erreur. Or, où est cet homme ? et, quel qu'il soit, quand il viendra, pensez-vous qu'il lui soit facile de se faire croire ? Ne soyez donc pas incrédules, mais fidèles.

J'ai hésité longtemps à vous dire crûment les choses ; mais enfin, quand on est à bout d'arguments et qu'on a inutilement employé tous les moyens pour convaincre les gens, il faut nécessairement alors, sans se laisser

arrêter par une humilité mal entendue qui nuirait à la vérité et l'empêcherait de triompher ; il faut, en dégageant des miracles le peu qui appartient à l'homme, il faut en venir à cette preuve qui, d'un miracle évident et reconnu comme tel, peut amener l'incrédule à admettre un autre miracle qu'il voudrait nier. C'est ce que fit autrefois Jeanne d'Arc quand elle voulut persuader à son oncle qu'elle avait la mission, *pas mal invraisemblable pour une jeune fille,* de se mettre à la tête des armées de la France et qu'elle lui rappela cette vieille prophétie qui la concernait et qui disait : *que la France perdue par une femme serait sauvée par un vierge partie des Marches de Lorraine.* Faisait-elle acte d'orgueil en disant cela ? Non, puisque c'était vrai.

Dieu, Messieurs, ordonnateur suprême de tout ce qui existe, prépare longtemps à l'avance, et par des prodiges indéniables, les intelligences rebelles à faire l'acte de foi qu'il exige d'elles et qui est, pour les individus comme pour les peuples, la condition essentielle de leur salut. C'est pour cela qu'en éclairant une âme, il lui découvre les rapports cachés qui existent, souvent à de longs intervalles, entre deux faits de l'ordre surnaturel qui paraissent, au premier abord, n'avoir entre eux aucune relation et qui, rapprochés l'un de l'autre, se prêtent ensuite une mutuelle clarté.

L'APOCALYPSE.

Après la mort de Son Excellence Mgr Conroy, quand j'ai eu bien compris ce dont il s'agissait ; quand j'ai vu que, par la volonté de ~~eu j'é~~ investi d'une semblable mission ; que tout le monde, même le pape, était obligé de m'aider ; qu'un ange de Dieu combattait pour moi et frappait mes ennemis, je me suis dit qu'une pareille chose, une chose si invraisemblable, devait être indiquée dans l'Apocalypse, et, en m'aidant des lumières que j'avais reçues, en mettant à profit celles des autres, j'ai trouvé, ou du moins je crois avoir trouvé, dans le livre inspiré d'abord les passages qui se rapportent à notre temps et ensuite, dans ces passages, le verset même qui, à mon sens, désigne le miracle d'Œdipe et un autre verset qui s'applique parfaitement à la mort de Son Excellence Mgr Conroy.

Voici d'abord le premier passage, celui qui se rapporte à l'Eglise considérée comme corps : *Angelo Philadelphiæ Ecclesiæ scribe : hæc dicit Sanctus et Verus, qui habet clavem Davidis : qui aperit et nemo claudit ; claudit et nemo aperit. — Scio opera tua. Ecce dedi coram te ostium apertum, quod nemo potest claudere : quia modicam habes virtutem, et servasti verbum meum et non negasti nomen meum.— Ecce dabo de synagogâ Satanæ, qui dicunt se Judæos, et non sunt, sed mentiuntur ; ecce faciam illos ut veniant, et adorent ante pedes tuos ; et scient quia ego dilexi te. — Quoniam servasti verbum patientiæ meæ, et ego servabo te ab horâ tentationis quæ ventura est in orbem universum tentare habitantes in terrâ. — Ecce venio cito : tene quod habes, ut nemo accipiat coronam tuam. — Qui vicerit, faciam illum columnam in templo Dei mei, et forâs non egredietur ampliùs ; et scribam super eum nomen civitatis Dei mei novæ Jerusalem quæ descendit de cœlo à Deo meo, et nomen meum novum. — Qui habet aures audiendi, audiat quid Spiritus dicat Ecclesiis.*

Dans ce passage, tout est indiqué : la grâce et la nature de la grâce. *La clef de David :* c'est le mystère qui a été pénétré ; *la porte ouverte que personne ne peut fermer :* c'est cette importante vérité que Dieu lui-même a, pour ainsi dire, attestée de nouveau en frappant Son Excellence Mgr Conroy et qui ne peut plus être étouffée par personne ; *les Juifs qui se convertissent :* ce sont tous les hérétiques qui doivent revenir à la vraie foi ; *l'heure de la grande tentation qui approche :* c'est la venue de l'Antéchrist qui n'est pas très-éloignée, puisqu'il n'y aura plus que dix papes d'ici la fin du monde ; *et j'écrirai sur lui mon nom nouveau.* N'est-ce pas là l'indication bien claire du miracle d'Œdipe, nom mystérieux qui montre clairement qu'il y avait du vrai dans la religion des anciens, comme, au reste, l'avait supposé le comte de Maîstre.

L'ANGE DE L'ALLIANCE

Voici maintenant un autre passage qui figure la même grâce, non plus considérée dans ceux qui doivent la recevoir, mais dans l'ange qui l'apporte au monde :

Et vidi alium angelum fortem descendentem de cœlo amictum nube, et iris in capite ejus, et facies ejus erat ut sol; et pedes ejus tanquam columnæ ignis. — Et habebat in manu suâ libellum apertum; et posuit pedem suum dextrum super mare, sinistrum autem super terram. Et clamavit voce magnâ, quemadmodùm quum leo rugit. Et quùm clamasset, locuta sunt septem tonitrua voces suas. — Et quum locuta fuissent septem tonitrua voces suas, ego scripturus eram : et audivi vocem de cœlo dicentem mihi : signa quœ locuta sunt septem tonitrua et noli ea scribere. — Et angelus, quem vidi stantem super mare et super terram, levavit manum suam ad cœlum : — Et juravit per viventem in sœcula sœculorum, qui creavit cœlum et ea quœ in eo sunt ; et mare et ea quœ in eo sunt : quia tempus non erit ampliùs. — Sed in diebus vocis septimi angeli, quum cœperit tubâ canere, consummabitur mysterium Dei, sicut evangelizavit per servos tuos prophetas, etc., etc.

Le Sceau de Dieu.

Je vais d'abord prouver que ce passage se rapporte à notre époque ; et, pour cela, j'invoquerai l'autorité d'un saint religieux, Holzhauser, dont plusieurs prédictions se sont réalisées, et qui, commentant l'Apocalypse, applique à Luther et aux protestants la fin du chapitre IX ; et celle de sainte Hildegarde, la prophétesse de l'Allemagne, dont les révélations ont été lues et approuvées, en séance solennelle, par saint Bernard et le pape Eugène III. Or, d'après les détails pleins d'intérêt que sainte Hildegarde donne sur l'Antéchrist et sur les deux hommes, Hénoch et Elie, qui doivent le combattre et qui, pour cette fin, jouiront d'un pouvoir surnaturel, il appert clairement que le commencement du chapitre XI les concerne et doit leur être appliqué.

Par conséquent le chapitre X se rapporte à nous et à notre temps.

Et autant qu'il m'est donné de le voir, voici en quels termes la mort de Son Excellence Mgr Conroy est figurée : *Signa quæ locuta sunt septem tonitrua et noli ea scribere.* Cette mort n'est-elle pas, en effet, en quelque sorte, le sceau de Dieu mis sur mes paroles, l'attestation solennelle et providentielle des miracles que les évêques canadiens ont méconnus ? Cette mort est une chose importante à plus d'un titre, mais surtout en ce qu'elle permet d'établir mathématiquement, et sur des bases nouvelles qui sont philosophiquement indiscutables, la vérité de la religion catholique, la seule dans laquelle l'homme puisse se sauver. C'est cette révélation de la révélation que le comte de Maistre, avec son instinct prophétique, avait depuis longtemps prévue ; c'est cette grâce victorieuse destinée à éclairer les protestants, et, en vous plaçant entre eux et la vérité, vous ne savez pas, non, vous ne savez pas ce que vous faîtes : vous prenez contre Dieu le parti de ses ennemis. Prenez garde ! Car, je l'ai déjà dit et je le répète, le péché contre le Saint-Esprit n'est pas pardonné ; et je comprends, oui je comprends qu'il en soit ainsi.

Prenez Garde !

Quand Dieu demande un acte de foi, il faut le faire : si on le fait, on se sauve ; si on ne le fait pas, on se damne ; et c'est en cela, à proprement parler, que consiste le mystère de la prédestination. Je n'ose trop le dire, mais, eu égard à la grandeur, au nombre et à l'importance des miracles, je crois que, dans le cas présent, quiconque ne se rend pas, est perdu, et, s'il en était autrement, si on pouvait impunément mépriser ses ordres, quel moyen Dieu aurait-il de se faire obéir ?

Ne vous y trompez pas : votre responsabilité est grande, elle est immense. Car vous avez à recevoir ou à refuser la grâce, une grâce de premier ordre, non pas seulement pour vous, mais pour la France, pour l'Eglise, pour l'humanité tout entière. Pour vous, le salut : c'est un acte de foi. Si vous ne le faites pas, vous serez condamnés.

———

Pour avoir une idée exacte de la question, il faut posséder les livres dont les noms suivent, et qui se complètent mutuellement, savoir : 1º *l'Enigme* ; 2º *La Clef du Mystère* ; 3º *l'Arme de précision* ; 4º *le Canada et les Canadiens* ; 5º *la Réforme de l'Enseignement*. Ce dernier ouvrage contient les appréciations des hommes les plus remarquables du Canada, et prouve que, par elle-même, la question est importante puisqu'elle a passionné tout un pays.

STELLA